Mo·sa·ik

Der Alphabetisierungskurs

Handreichungen für den Unterricht

Cornelsen

Mo·sa·ik
Der Alphabetisierungskurs

Handreichungen für den Unterricht

Im Auftrag des Verlages erarbeitet von
Inge Knechtel

Redaktion: Christine Beck
Umschlaggestaltung: Christoph Schall
Layout und technische Umsetzung: Manuela Mantey-Frempong

www.cornelsen.de

1. Auflage, 2. Druck 2006

Druck: H. Heenemann, Berlin

ISBN-13: 978-3-464-20965-3
ISBN-10: 3-464-20965-2

Inhalt gedruckt auf Recyclingpapier, hergestellt aus 100 % Altpapier.

Inhalt

1 Migranten und Migrantinnen ohne Schriftsprachkenntnisse in Deutschland

Schätzungsweise mehr als die Hälfte der in Deutschland lebenden Ausländer und Ausländerinnen beherrscht die deutsche Schriftsprache nicht. Die meisten von ihnen leben bereits jahre- oder jahrzehntelang in Deutschland und haben, ohne je einen Sprachkurs besucht zu haben, die Fähigkeit erworben, sich in ihrem deutschsprachigen Umfeld mündlich gut oder zumindest ausreichend verständigen zu können. Sie verfügen meist über einen recht großen Wortschatz. Ihre sprachlichen Defizite liegen hauptsächlich in der Grammatik und – ohne dass dies im Alltagsleben zutage tritt – im schriftsprachlichen Bereich. Sie können Deutsch nicht oder nur mangelhaft schreiben und lesen.
Wie auch Analphabeten/Analphabetinnen deutscher Herkunft dies tun, vermeiden sie schriftsprachliche Aktivitäten, wissen aber oder ahnen zumindest, dass sie mit ihren bruchstückhaften Schriftsprachkenntnissen keine Chance haben, sich in Deutschland langfristig beruflich und sozial zu integrieren. Diesen Zustand beenden zu wollen, ist wohl die häufigste Motivation für die Teilnahme an einem Alphabetisierungskurs. Nicht selten kommt es vor, dass Kursteilnehmer/Kursteilnehmerinnen (KT) in einem Deutsch-Grundkurs an der Volkshochschule scheitern und schließlich in einen Alphabetisierungskurs zurückgestuft werden – trotz ihrer „guten" Sprachkenntnisse, mit denen sie ihre Umgebung bisher für sich einnehmen und „blenden" konnten.

Darüber hinaus gibt es einen Personenkreis unter den Einwanderern, der keinerlei Sprachkenntnisse und außerdem Probleme mit dem lateinischen Alphabet hat. Entweder handelt es sich dabei um Neuankömmlinge in Deutschland oder aber auch um Leute, denen es jahrelang in Deutschland „gelungen" ist, sich so abzuschotten, dass sie so gut wie keine deutschen Sprachkenntnisse haben. Es finden sich also vielerlei Schattierungen und Ausprägungen des Analphabetismus in unserer ausländischen Bevölkerung.
Im Zuge des Zuwanderungsgesetzes werden in Zukunft deutlich mehr Migranten und Migrantinnen Integrationsmaßnahmen in Anspruch neh-

men als bisher. Zu diesen Maßnahmen werden auch Alphabetisierungskurse gehören und die KT werden sich im Wesentlichen aus den oben beschriebenen Personenkreisen rekrutieren.

2 Alphabetisierungskurse in der Zweitsprache Deutsch

Die Kursteilnehmer/Kursteilnehmerinnen

Die KT von Alphabetisierungskursen bringen unterschiedlichste Formen schulischer Ausbildung mit. Einige wenige haben keinerlei Schulbildung genossen, sie sind also auch in ihrer Muttersprache nicht alphabetisiert. Bei der Mehrzahl der Leute sind es doch immerhin einige Jahre, die sie zur Schule gegangen sind und in denen sie – in ihrer Muttersprache und sehr oft auch unter Anwendung des lateinischen Alphabets – schreiben und lesen gelernt haben. Da sie ihre deutschen Sprachkenntnisse „auf der Straße“ erworben haben, sind sie nie in die Situation gekommen, Deutsch schreiben oder lesen zu müssen. Im Laufe der Jahre in Deutschland haben sie – es sind häufig Hausfrauen und Mütter – oft auch die ursprünglich vorhandenen schriftsprachlichen Kenntnisse in ihrer Muttersprache weitgehend eingebüßt, d. h. sie sind wieder zu Analphabeten/Analphabetinnen geworden.

Bei denjenigen, die zwar eine mehr oder weniger erfolgreiche Schullaufbahn in ihrem Heimatland und in ihrer Muttersprache hinter sich haben, jedoch keinerlei Deutschkenntnisse besitzen und mit dem lateinischen Alphabet auf absolutes Neuland stoßen, da in ihren Muttersprachen andere Schriftzeichen verwendet werden, kann man von der Notwendigkeit einer „reinen“ Alphabetisierung sprechen. Während bei den bereits Deutschkundigen parallel zum Prozess der Alphabetisierung der zusätzliche Prozess der Korrektur des bisher erworbenen, zum Teil fehlerhaften schriftsprachlichen Wissens abläuft, hat man mit diesem Personenkreis Lernende vor sich, die die Schriftsprache systematisch von Grund auf erwerben und – im besten Falle – „nebenbei“ auch schon in die gesproche-

ne Sprache hineinwachsen. Die Frage, welcher Ausgangspunkt für die Alphabetisierung der bessere ist, kann nicht eindeutig beantwortet werden. Zweifellos bringt es Vorteile mit sich, sich in der Zweitsprache bereits auszukennen und sich „eingehört" zu haben, andererseits haben sich bestimmte Irrtümer und Fehler bereits so verfestigt, dass es manchmal wünschenswert erscheint, die Alphabetisierung vor den eigentlichen Spracherwerbsprozess setzen zu können. Diese Überlegung ist jedoch müßig, da die Lernenden so genommen werden müssen, wie sie in die Kurse kommen, und – dies ist das eigentlich Überraschende – gerade in ihrer Heterogenität die Alphabetisierungskurse bereichern.
Obwohl von den unterrichtenden Institutionen oftmals angestrebt, ist es aus didaktischen Gründen nicht unbedingt sinnvoll, Analphabeten/Analphabetinnen ohne Sprachkenntnisse von den Personen mit Sprachkenntnissen zu trennen. Im Gegenteil: Die KT mit Sprachkenntnissen agieren in den Alphabetisierungskursen oft als „Zugpferde". Auf manchmal recht unkonventionelle, doch immer kooperative Weise wissen sie mit ihren sprachunkundigen Kurskollegen und -kolleginnen umzugehen: Schließlich waren sie selbst ja auch einmal in deren Situation. Für die sprachunkundigen KT sind diese fortgeschritteneren Kollegen und Kolleginnen eine Motivation weiterzulernen, da sie an ihnen beobachten, dass die deutsche Sprache durchaus erlernbar ist. Gemeinsam muss den KT eines Alphabetisierungskurses nur sein, dass sie das lateinische Alphabet und dessen Laute noch nicht kennen und diese erlernen wollen.

Festzustellen bleibt noch, dass in Alphabetisierungskursen nur sehr selten KT mit höherem Schulabschluss zu finden sind, da diese im Zuge ihrer Schulbildung Englisch gelernt haben und ihnen somit das lateinische Alphabet bekannt ist. Zwar ist in der englischen Sprache die Umsetzung des Buchstabens in einen Laut, insbesondere bei den Vokalen, eine andere, doch diese Umstellung kann meistens ohne größere Probleme gemeistert werden.

Der Kursleiter / Die Kursleiterin

Der Kursleiter / Die Kursleiterin (KL) in einem Alphabetisierungskurs für Migranten und Migrantinnen hat – mehr als in anderen, „normalen“ Sprachkursen – zunächst einmal die Aufgabe, eine offene und angstfreie Atmosphäre zu schaffen. Die für viele KT ungewohnte Unterrichtssituation ist eine nicht zu unterschätzende Belastung, die zu „entschärfen“ eine besondere Sensibilität im Umgang mit den Lernenden erfordert. Das Interesse an dem persönlichen Werdegang und an den momentanen, oft recht komplizierten Lebensumständen jedes/jeder einzelnen KT sollte zu Beginn des Kurses an erster Stelle stehen. Es gilt den richtigen Ton zu treffen, um jede/n KT dort „abzuholen“, wo er/sie gerade steht, und um auf der anderen Seite alle möglichst schnell in die Gruppe einzubinden. Ein Gruppengefühl bildet sich meistens recht schnell, denn die Leute spüren, dass sie alle im „selben Boot“ sitzen und einen ähnlichen Erfahrungshintergrund haben, der sie miteinander verbindet. Andererseits kann man auch beobachten, dass manche der KT ihr Defizit als gar nicht so sehr belastend empfinden, da mangelnde Schulbildung in ihren Herkunftsländern weit verbreitet ist und daher als weitgehend normal betrachtet wird.

Der/Die KL sollte als freundliche/r und sichere/r Moderator/in agieren und das Lernziel der Gruppe nie aus den Augen verlieren. Er/Sie sollte positiv verstärkend wirken und versuchen, nicht auszuschließende, kleinere Misserfolge durch Umstrukturieren der Übungen in Erfolge umzuwandeln. Nicht zuletzt sind eine gute Portion Humor und ein gewisses Maß an Spontaneität und Experimentierfreude immer ein gutes Mittel, um die oftmals doch große Unsicherheit und Befangenheit der KT schnell abzubauen. Der Einsatz von körpersprachlichen Signalen wie Mimik, Gestik und Tonfall sollte vom/von der KL ebenso wenig gescheut werden wie der Einsatz der zeichnerischen Fähigkeiten an der Tafel.
Schließlich sollte man bei den Lernenden immer das Bewusstsein wach halten, dass sie es letztendlich selbst sind, die etwas für sich tun, und dass sie, wenn sie ihr Ziel konsequent verfolgen, auch tatsächlich ihre Situation zum Positiven verändern können.

In einem Alphabetisierungskurs steht der/die KL als phonetisches Modell im Mittelpunkt. Deutliches und nicht zu schnelles Sprechen ebenso wie das Demonstrieren der Artikulation der einzelnen Laute sind besonders wichtig, da Laute nicht nur akustisch wahrgenommen werden, sondern auch visuell. Der Vorgang der Lautproduktion wird also nicht nur über das Ohr wahrgenommen, sondern er wird beim sprechenden Gegenüber beobachtet, imitiert und evtl. korrigiert, um anschließend abgespeichert zu werden. Dass die Lautproduktion in einer Fremdsprache ein schwieriges Unterfangen ist und oft nur ansatzweise gelingt, muss berücksichtigt und in Kauf genommen werden. In manchen Fällen muss eine vorläufige Annäherung an einen Laut erst einmal genügen. Auch die Unterscheidung von Lauten ist den Lernenden anfangs oft nicht möglich – erinnert sei hier nur an das bekannte Beispiel der mangelhaften Differenzierung der Laute [l] und [r] bei Personen aus dem asiatischen Raum.
Es versteht sich von selbst, dass auch die Handschrift des/der KL modellhaft sein muss – die Buchstaben an der Tafel oder auf Folien sollten den Druckbuchstaben im Buch entsprechen.

3 Die deutsche Schriftsprache und ihre Besonderheiten

Die deutsche Schriftsprache folgt dem „phonologischen Prinzip“, d. h. jedem Buchstaben des Alphabets ist ein Laut zugeordnet. Problematisch daran ist jedoch die Tatsache, dass den 30 zur Verfügung stehenden Buchstaben ca. 40 verschiedene Laute gegenüberstehen. Es besteht also kein 1:1-Verhältnis der Buchstaben zu den Lauten. Dies ergibt sich aufgrund folgender Besonderheiten:

1. Manche Laute werden nicht durch einen einzelnen Buchstaben, sondern durch eine Buchstabenkombination repräsentiert. Ein Beispiel hierfür ist der Laut [ʃ], der durch die Buchstabenkombination „sch“ abgebildet wird.
2. Ein Buchstabe kann – je nachdem, ob er lang oder kurz gesprochen wird, und je nach seiner Position im Wort – verschiedene Laute bzw.

Lautnuancen repräsentieren. Ein Beispiel hierfür ist das „e", das für drei Lautnuancen stehen kann: [eː] wie in *Lena*, [ɛ] wie in *es* oder [ə] wie in *Name*.

3. Eine zusätzliche Schwierigkeit besteht darin, dass ein Laut oder eine Lautkombination durch verschiedene Buchstaben oder Buchstabenkombinationen repräsentiert werden kann. Ein Beispiel hierfür ist die Lautkombination [ɔy], die sowohl durch „eu" als auch durch „äu" abgebildet werden kann.

Hinzu kommen schließlich die nach wie vor schwer zu durchschauenden Rechtschreibregeln, die die Lernenden verwirren. So ist die deutsche Schriftsprache ein „weites Feld" und man tut gut daran, in der Alphabetisierung von Grund auf systematisch und in kleinen Schritten vorzugehen. Dies tut **Mo·sa·ik**, indem es die Lernenden und die Unterrichtenden systematisch durch den – auf den ersten Blick – undurchschaubaren „Dschungel" des Alphabets führt.

4 Die systematische Konzeption von Mo·sa·ik

Mo·sa·ik ist ein in der Praxis entwickelter Alphabetisierungskurs für Migranten und Migrantinnen im deutschen Sprachraum. Erfahrungen aus der Arbeit in der Alphabetisierung und im DaF-Unterricht, insbesondere aber auch grundlegende Überlegungen und Erkenntnisse aus der Therapie legasthenischer Kinder sind darin eingeflossen.
Da es sich bei der Alphabetisierung in der Zweitsprache verbietet, komplexere Ansätze der Alphabetisierung, wie etwa die Methode der Eigentextproduktion zu wählen, setzt **Mo·sa·ik** auf die kleinen, aufeinander aufbauenden Schritte, die sich trotz aller ganzheitlichen Experimente und deren Erfolge in der Didaktik ihren Platz bewahrt haben.

Der Grundgedanke von **Mo·sa·ik** ist es, die Buchstaben und Laute des Alphabets Schritt für Schritt einzuführen, den KT möglichst einfache, d. h. weitgehend lauttreue und einfach gebaute Wörter vorzugeben (keine Konsonantenhäufungen innerhalb einer Silbe), diese Wörter in Silben aufzuteilen und die Lernenden durch besondere Farbgebung auf nicht lauttreue Besonderheiten und Ausnahmen der deutschen Schriftsprache aufmerksam zu machen. Die Definitionen dessen, was als lauttreu zu gelten hat, gehen etwas auseinander. **Mo·sa·ik** orientiert sich mit seiner Definition der Lauttreue am *LautAnalytischen RechtschreibSystem LARS* von Ilona Löffler und Ursula Meyer-Schepers[1]. In seinen pädagogischen Grundsätzen folgt **Mo·sa·ik** denen des sprachsystematischen Konzepts von Carola Reuter-Liehr[2]. Diese lauten: „Erfolge von Anfang an!" – „Vom Leichten zum Schweren!" – „Vom Häufigen zum Seltenen!". Und man möchte noch hinzufügen: „Eins nach dem anderen" oder wie es im Englischen so schön heißt: „First things first!"

Beiden genannten Konzepten liegt darüber hinaus die Auffassung zugrunde, dass es zum Erfassen des phonologischen Prinzips einer Segmentierung, also einer Aufteilung der Sprache in ihre Bausteine (Mosaiksteine!) bedarf. So dient die Aufteilung der Wörter in Silben im Kursteil von **Mo·sa·ik** der einfacheren Durchstrukturierung und Lesbarkeit und auch das Abschreiben gelingt so zunächst einmal besser. Im Übungsteil von **Mo·sa·ik** ist dieses Prinzip wieder aufgehoben, um die Lernenden an die „Realität" des geschriebenen Wortes heranzuführen und den Transfer des Erlernten auf normal geschriebene Wörter, Sätze oder Texte zu ermöglichen.
Die Buchstaben werden in **Mo·sa·ik** nicht in der Reihenfolge des Alphabets eingeführt, sondern entsprechend der Häufigkeit ihres Auftretens, ihrer Kombinierbarkeit und ihrer – vermuteten – Vertrautheit.
Die Namen und die Schreibweise der Ziffern 0 bis 9 werden am Ende des Kursteils eingeführt.

---

1 I. Löffler/U. Meyer-Schepers/E. Nijland: Das LautAnalytische RechtschreibSystem (LARS). In: I. Naegele/R. Valtin (Hrsg.): LRS in den Klassen 1–10. Handbuch der Lese-Rechtschreib-Schwierigkeiten. Band 2. Weinheim und Basel: Beltz 2001.

2 C. Reuter-Liehr: Lautgetreue Lese-Rechtschreibförderung. Band 1. Bochum: Winkler 2001.

5 Die kommunikative Funktion von **Mo·sa·ik**

Durch die Vorgabe von Wörtern, die den KT evtl. aus ihrem Alltag bekannt sind, und durch das ansprechende Layout hat **Mo·sa·ik** eine kommunikative, d. h. eine sprach- oder – besser ausgedrückt – eine „sprechanregende" Funktion. Die Wörter und Sätze sowie deren Veranschaulichung durch Fotos dienen den Sprachanfängern und -anfängerinnen zum Aufbau eines ersten Wortschatzes und regen die spracherfahreneren KT zum Gespräch oder zur Diskussion an, sind Anlass zum Austausch von Erfahrungen und bieten den KT die Möglichkeit, ihr bereits vorhandenes Wissen einzubringen. An dieser Stelle soll betont werden, dass der/die mit **Mo·sa·ik** arbeitende KL vollkommen frei ist, das „Gerüst" des Kursteils mit „Leben" zu füllen. Bei den Sprachneulingen besteht Klärungsbedarf in Bezug auf die Wörter und Sätze, wobei man davon ausgehen muss, dass sie – wie es bei Sprachkursen für Anfänger ja auch der Fall ist – nicht alle Erklärungen auf Anhieb verstehen können, geschweige denn sich alle merken können. Dennoch profitieren sie davon und schnappen das eine oder andere auf, indem sie den Erläuterungen des/der KL zuhören oder das Gespräch in der Gruppe verfolgen. Die fortgeschritteneren KT bringen ihre Assoziationen, aber auch Missverständnisse, Irrtümer und Fehler in den Unterricht ein, so dass an Gesprächsstoff kein Mangel besteht. Der/Die KL sollte dies alles selbstverständlich aufnehmen, erklären, in einfacher Weise beantworten, nach Bedarf „weiterspinnen" und kann dabei – wenn dies dem Kenntnisstand der Gruppe angemessen ist – durchaus über den vorgegebenen Rahmen des Buches hinausgehen. Ob nun einfachste Verständnisfragen, landeskundliche Besonderheiten oder Fragen zur Grammatik aufgeworfen werden: Hier kann sich der/die KL ganz an den Bedürfnissen der Lernenden orientieren und sich sicher sein, dass die Beschäftigung mit all diesen Dingen die KT in ihrem Alphabetisierungsprozess weiterbringen wird. Letztendlich kann jedoch immer auf den „roten Faden" von **Mo·sa·ik** zurückgegriffen werden, um dem eigentlichen Ziel, dem Schriftspracherwerb, näher zu kommen.

6 Die Zielsetzung von Mo·sa·ik

An dieser Stelle soll das Hauptanliegen von **Mo·sa·ik** noch einmal hervorgehoben werden: **Mo·sa·ik** möchte die Lerner und Lernerinnen dazu befähigen, einfache Wörter und Sätze schreiben und lesen zu können und das Gelesene oder Geschriebene – im besten Falle – auch zu verstehen. Das primäre Ziel eines Alphabetisierungskurses muss es aber sein, bei den Lernenden die Fähigkeit aufzubauen, beim Schreibvorgang den Lauten die richtigen Buchstaben und beim Lesevorgang den Buchstaben die richtigen Laute zuordnen zu können. Das verstehende Lesen darf dabei ruhig ab und zu „ausgeschaltet" werden. Die manchmal eher kompliziert und abwegig erscheinenden Wörter, insbesondere im Übungsteil, sind also zunächst einmal als reines, „trockenes" Lernmaterial zu betrachten, an dem die Zuordnung von Lauten zu den Buchstaben geübt werden kann. Wie man beispielsweise in der Fahrstunde von A nach B fährt, ohne weder im Moment noch jemals später von A nach B fahren zu wollen, sondern einfach nur fährt, um das Fahren zu lernen, so bietet das vorgegebene Wortmaterial die Möglichkeit des Einübens der Grundfertigkeiten Lesen und Schreiben. Die Erweiterung des Wortschatzes im Verlauf des Kurses ist ein bedeutsamer positiver Nebeneffekt, der selbstverständlich begrüßenswert ist.
Die Ziele von **Mo·sa·ik** sind also auf den ersten Blick recht bescheiden, doch aufgrund seiner konsequenten und langsamen Progression und des entsprechend intensiven Übungseffekts hat **Mo·sa·ik** die Wirkung eines Katalysators: Wenn die KT diesen Kurs erst einmal durchlaufen haben, erschließen sich ihnen – kontinuierliche Lese- und Schreibpraxis (beispielsweise in einem Sprachkurs) vorausgesetzt – auch schwierigere Wörter, Sätze und schließlich auch ganze Texte.

7 Die Vorgehensweise im Kursteil

Allgemeine Vorgehensweise

Im Kursteil von **Mo·sa·ik** finden sich blaue und lila Seiten sowie blaue und lila Buchstaben. Die blauen Seiten und die blauen Buchstaben repräsentieren die „normalen", regelhaften 1:1-Buchstaben-Laut-Abbildungen, die lila Seiten und lila Buchstaben stehen für Buchstaben- bzw. Lautkombinationen, die nicht lauttreu sind oder sonstige Ausnahmen und Besonderheiten darstellen.

Alle Seiten sind ähnlich aufgebaut, daher empfiehlt sich folgende allgemeine Vorgehensweise: Oben links auf der Seite wird der neue Buchstabe oder die neue Buchstabenkombination eingeführt. Wichtig ist, den neuen Buchstaben oder die Buchstabenkombination nicht mit dem Namen, sondern mit dem Laut einzuführen. Grundsätzlich gilt: Der Laut ist wichtiger als der Buchstabe! Die Namen der Buchstaben dürfen zunächst gar keine Rolle spielen. Auch wenn die KT diese kennen und einbringen, muss der/die KL darauf bestehen, dass im Unterricht ausschließlich mit dem Laut gearbeitet wird. Der Buchstabe „b" ist also beispielsweise kein „Bee", sondern ein [b]. Falls einem Buchstaben mehrere ähnliche, aber doch unterschiedliche Laute entsprechen, sollte der/die KL auf diesen Umstand erst hinweisen, wenn die Wörter mit den unterschiedlichen Lautbildungen im Unterricht auftauchen. Überraschenderweise sind es oft die KT selbst, die unterschiedliche Lautnuancen entdecken. Beispielsweise werden das stimmhafte und das stimmlose „s" meistens recht gut differenziert. Ob der/die KL die phonetischen Lautzeichen (siehe Abschnitt **10**) im Unterricht einführt, bleibt ihm/ihr überlassen. Manche mögen es verwirrend finden, andere eher aufschlussreich, wenn an der Tafel verdeutlicht wird, dass es auch für die Laute und Lautnuancen spezielle Schriftzeichen gibt.

In der oben quer über die Seite verlaufenden Silbenreihe wird das Aussprechen des neuen Lautes in Verbindung mit bereits erlernten Lauten eingeübt. Verschiedene Schrifttypen in diesem Silbenband sollen die Ler-

nenden mit der Tatsache vertraut machen, dass eigentlich gleiche Buchstaben nicht immer gleich aussehen und manchmal bis zur Unkenntlichkeit verschnörkelt sein können.
Danach wird der Buchstabe in die vorgegebene Lineatur geschrieben. Es wird von links nach rechts geschrieben, was nicht für alle selbstverständlich ist und was auf der ersten Seite durch Pfeile unter den Zeilen angedeutet wird. Ein Modellbuchstabe und Schreibansatzpunkte in der Lineatur sowie die Schreibpfeile oben links geben beim Schreiben Hilfestellung. Hingewiesen werden sollten die KT auf die blaue Grundlinie in der Lineatur: Sie ist die Linie, auf der geschrieben wird. Die anderen drei Linien sind Hilfslinien, die den Rahmen beim Schreiben abstecken.
Es werden Druckbuchstaben vorgegeben, da sie am leichtesten zu erlernen sind und auch häufiger vorkommen als Schreibschrift. Falls ein/e KT jedoch bereits gewisse Schreibschriftkenntnisse hat und in Schreibschrift schreiben möchte, sollte man dies natürlich nicht unterbinden, aber darauf achten, dass bei einem durchgängigen Schriftbild geblieben wird und Druckbuchstaben und Buchstaben der Schreibschrift nicht miteinander vermischt werden.

Beim nächsten Schritt, dem Lesen und Schreiben der untereinander aufgeführten Wörter, sind Kästchen vorgegeben, die erstens angeben, wann ein großer Buchstabe geschrieben werden muss (großes Kästchen), und die zweitens die Schreibenden allmählich daran gewöhnen sollen, dass die Buchstaben in ihrer Größe eine gewisse Einheitlichkeit haben und nicht wie „Kraut und Rüben“ daherkommen.
Die Silbentrennungszeichen dienen dazu, beim Lesen und Schreiben zunächst einmal nur kleinere Einheiten „bewältigen“ zu müssen. Sie sind jedoch nur ein Hilfsmittel und müssen daher niemals geschrieben werden, genauso wenig wie die Kennzeichnung der betonten Vokale bzw. Silben. Beim Lesen sollte großer Wert darauf gelegt werden, dass die Kennzeichnung der betonten Vokale durch Punkt oder Strich unter dem Vokal beachtet werden. Sowohl die Betonung eines Vokals als auch die Tatsache, ob es sich um einen langen oder einen kurzen Vokal handelt, sind wichtig beim „Einhören“ in die deutsche Sprache. Beides sollte daher von Anfang an beachtet werden. So heißt es z. B. nicht *Salat*, sondern *Salat:*

Die Betonung ist auf der zweiten Silbe und die Silbe bzw. ihr Vokal wird lang gesprochen. Wenn das Wort nicht so ausgesprochen wird, ist es falsch ausgesprochen und damit evtl. unverständlich. Dies muss den KT bewusst werden.
Die auf jeder Seite vorgegebenen Wörter können – bei geschlossenem Buch – vor dem Lesen und Schreiben auch erst vom/von der KL vorgestellt werden. Entweder schreibt er/sie den Begriff selbst an die Tafel oder liest ihn vor und ermuntert eine/n KT, es doch selbst einmal an der Tafel zu versuchen. Evtl. deutet er/sie mit Strichen an, aus wie vielen Buchstaben das zu schreibende Wort besteht. Gelingt der Versuch des/der KT nicht auf Anhieb, so kann gemeinsam überlegt werden, wo sich der neue Buchstabe befindet und wie das Wort richtig geschrieben werden muss. Womit ein weiterer Grundsatz im Unterricht deutlich und für die KT spürbar wird: Aus Fehlern kann man lernen! Durch das Vorsprechen, das Anschreiben der Wörter an die Tafel und das gemeinsame Erforschen ihrer Bedeutung gewinnen die Wörter bereits eine gewisse Vertrautheit, die beim anschließenden Lesen und Schreiben hilfreich sein kann.
Der letzte Schritt auf jeder Seite ist das Lesen und Schreiben eines Satzes oder mehrerer kurzer Sätze. Der/Die KL liest sie vor, bespricht, in welchem Kontext sie vorkommen können, und bindet sie zur Veranschaulichung evtl. in einen kleinen gespielten Dialog ein. Der Ausruf *Moment mal!* könnte beispielsweise so demonstriert werden: *Wo sind denn die Schlüssel? – Die Schlüssel? Moment mal! Hier sind sie!*

Weitere Hinweise, Anmerkungen und Tipps zum Kursteil

Beim Schreiben sollte darauf geachtet werden, dass der weiche(!) Bleistift weder zu locker noch zu verkrampft gehalten wird. Ebenso sollte der Stift weder zu weit vorne noch zu weit hinten gehalten werden, um die bestmögliche Umsetzung der Schreibbewegung zu ermöglichen. Zu viel Druck auf das Papier verhindert flüssiges Schreiben – der Bleistift „funktioniert“ auch, wenn locker und unverkrampft geschrieben wird. Gelegentliches Ablegen des Stiftes und das Ausschütteln der Hand sind erlaubt, sollten sich jedoch im Laufe der Zeit erübrigen. Buchstaben lassen sich zur Auflockerung an einer herkömmlichen Tafel auch mit dem nassen

Zeigefinger schreiben, evtl. zuerst ganz groß, dann immer kleiner werdend. Erlaubt ist, was der Sache dient, d. h. in diesem Fall, was die Hand lockerer macht. Das Umsteigen auf einen Kugelschreiber oder einen Füller sollte erst dann erfolgen, wenn beim Schreiben so viel Sicherheit erreicht worden ist, dass nicht ständig korrigiert werden muss. An der Art, wie mit dem Stift umgegangen wird, lässt sich im Übrigen meist sehr gut erkennen, ob eine gewisse Schulbildung durchlaufen wurde oder nicht.

In einem Alphabetisierungskurs sollten die Lernenden zunächst zum lauten Lesen ermuntert werden. Viele der KT können anfangs gar nicht leise bzw. stumm lesen und zunächst ist dies ja auch richtig und zu unterstützen. Gegen Ende des Kurses sollte jedoch allmählich zum leisen Lesen hingeführt werden, indem man den KT eine gewisse Vorlaufzeit lässt, in der sie sich einen Satz still erarbeiten können, den sie dann aber möglichst fließend vorlesen können sollten.

Die Tafel sollte von Anfang an nicht nur das Reich des/der KL sein, sondern der Ort, an dem – für alle sichtbar – geübt, diskutiert und korrigiert werden kann. Am besten geeignet hierfür ist die gute alte herkömmliche Tafel. Sie bietet den besten Widerstand beim Schreiben und Fehler lassen sich schnell wegwischen. Die Verwendung von Flipcharts ist jedenfalls nicht zu empfehlen.

Ein gutes Instrument der gegenseitigen Kontrolle und Korrektur ist es, die KT untereinander agieren zu lassen, sich also z. B. gegenseitig Wörter diktieren zu lassen. Die Diktierenden sind gefordert, deutlich zu sprechen, die Schreibenden haben es nicht ganz so einfach wie beim Diktat des/der KL, dessen/deren Sprechweise sie kennen. Eine gewisse räumliche Distanz zwischen Diktierenden und Schreibenden erhöht den Übungseffekt, denn dann muss auch laut gesprochen werden. Anschließend kann das Geschriebene gemeinsam kontrolliert und korrigiert werden.

Zur Unterscheidung von großen und kleinen Buchstaben sollte man nur folgende Regel angeben: Große Buchstaben können nur dann innerhalb eines Wortes stehen, wenn alle Buchstaben groß geschrieben werden.

Ansonsten steht ein Großbuchstabe nur am Anfang eines Wortes. Beim „freien" Schreiben, z. B. an der Tafel, liegt eine Hauptfehlerquelle darin, dass große und kleine Buchstaben vermischt werden oder dass die Größenverhältnisse zwischen Groß- und Kleinbuchstaben nicht stimmen. Auch das Einhalten einer Grundlinie ist anfangs nicht immer einfach – ohne vorgegebene Linie neigen die Buchstaben zum „Tanzen". Improvisierte Hilfslinien können hier Abhilfe schaffen.
Auf die doch eher abstrakte Unterscheidung zwischen Vokalen und Konsonanten muss nicht hingewiesen werden. Die Didaktik von **Mo·sa·ik** basiert auf der Unterscheidung von lauttreuen (blauen) und nicht lauttreuen (lila) Buchstaben und Buchstabenkombinationen – weitere Differenzierungen sind für die Lernenden nur unnötiger Ballast.
Die Buchstabenverbindungen „ei" und „ie" auseinander zu halten, ist eine der härtesten „Nüsse", die beim Erlernen der deutschen Schriftsprache zu knacken sind. Die „klassische" Verwechslung ist die von *Wein* und *Wien*. Der Hinweis, dass das „ie" sozusagen für „ii" und „ei" für „ai" steht, hilft meist auch nur kurzfristig weiter. Hilfreich kann es sein, Wörter wie *Beine* und *Biene*, *deinen* und *dienen* oder *meine* und *Miene* einander gegenüberzustellen, um sie dann – in immer wieder anderer Anordnung – wieder und wieder zu lesen.
Die Doppelkonsonanten und Doppelvokale sind auf den Seiten 58 bis 62 separat und als Besonderheit in Lila aufgeführt, da es erfahrungsgemäß immer wieder KT gibt, die sich durch zwei identische Buchstaben hintereinander irritiert fühlen und meinen, den Laut zweimal „ansetzen" zu müssen. Dass dies nicht der Fall ist, lernen die KT auf diesen Seiten. Durch die Häufung der Wörter mit Doppelkonsonanten wird ihnen die Regel bewusst werden, dass der Vokal vor Doppelkonsonanten immer kurz gesprochen wird.

Ein Motto des/der KL sollte sein: Sprechen ist Silber, Schreiben ist Gold! Da es in einem Alphabetisierungskurs darum geht, das Prinzip der Abbildung von Lauten durch Buchstaben zu durchschauen, ist es wichtig, Gesprochenes, Gehörtes und von den KT „Aufgeschnapptes" immer wieder in Schriftsprache umzusetzen. Dies kann mit einzelnen Wörtern geschehen, am Ende des Kurses auch mit Ausdrücken und Sätzen, die den

Lernenden vom Hören vertraut sind, wie etwa: *Bis morgen!, Die Fahrkarten, bitte!* oder *Haben Sie Ihre Karte dabei?* u. Ä. Gerade diese oft gehörten Dinge geschrieben zu sehen und sie lesen zu können, ist für die KT immer ein großes Aha-Erlebnis. Schwieriger ist es, oft Gesehenes (oder bereits Gelesenes), wie z. B. *Adidas, Aral* oder *Rama*, in den Unterricht einzubringen. Eine Hausaufgabe könnte es sein, solche Wörter aus einem Prospekt, einer Illustrierten oder einer Zeitung auszuschneiden oder sie zu notieren und in den Unterricht mitzubringen. Gemeinsam kann dann ausgewertet werden, wem was bereits bekannt ist und was darunter zu verstehen ist. Inwieweit bereits ein Leseverständnis vorhanden ist, lässt sich am besten mit einfachen Ja/Nein-Fragen, die an die Tafel geschrieben werden, überprüfen, wie z. B.: *Fatima, haben Sie einen Sohn?, Wohnen Sie in Berlin?* oder *Sitzen Sie heute neben Iwan?*

Besonders an weibliche KL muss appelliert werden, bei der Auswahl der Themen auch die Männerwelt zu berücksichtigen. Da es gerade die Männer sind, die oft größte Probleme damit haben, einen „solchen" Kurs besuchen zu müssen, sollte man darauf achten, ihnen in gleicher Weise wie den Frauen die Möglichkeit zu geben, ihre Alltagswelt im Unterricht einzubringen oder wiederzufinden. Themen wie Arbeitswelt, Sport, Autos oder Handwerkliches sollten also im Unterricht nicht außen vor gelassen werden. Die Zahlen beispielsweise lassen sich anhand von aktuellen Fußballergebnissen einführen. Mit Wörtern wie *Maschine, Stadion, boxen* oder *Revolver* wissen die Männer mehr anzufangen und das sollte auch aufgenommen und beachtet werden.

Immer wieder faszinierend für die KT sind sprachliche Kuriositäten, die es in ihren Muttersprachen natürlich auch gibt, die aber dennoch immer auf großes Interesse stoßen. Zu erwähnen sind hier etwa die Nomen, die zwei verschiedene Bedeutungen haben. Beim Wort *Hahn* auf Seite 28 könnte man z. B. darauf zu sprechen kommen. Andere Wörter dieser Art sind *Schalter* oder *Nagel*. Darüber hinaus gibt es Wörter, die gleich ausgesprochen, aber unterschiedlich geschrieben werden. Auf Seite 14 erscheint das Wort *Miene,* das der *Mine* im Kugelschreiber entgegengesetzt werden kann. Dazu gehören auch die Wörter *Mann* und *man* oder *Lied* und *Lid.*

Auch Kindersprache oder Lautmalerisches wie etwa *Wauwau, Tamtam, Ticktack* oder *Wehweh* sorgen meistens für Amüsement.

Viele Verben – einige davon sind auch in **Mo·sa·ik** enthalten – sind pantomimisch leicht zu erklären: *rufen, pfeifen, singen, tanzen, husten, pusten, nicken, schießen, winken, gießen, sitzen, stehen, niesen* usw.
Ein nettes Spiel in der Gruppe ist es, diese Verben mit der entsprechenden Pantomime zu verbinden und sie sich so einzuprägen. Zunächst stellt der/die KL die Verben pantomimisch vor. In den folgenden Unterrichtsstunden können sie immer wieder aufgegriffen werden, indem der/die KL sie pantomimisch darstellt und die KT sich an das Wort erinnern und es an die Tafel schreiben sollen. Nach einer gewissen Zeit kann man es den KT überlassen, eine Pantomime vorzugeben, die anderen müssen das passende Verb erkennen und an die Tafel schreiben. Umgekehrt kann auch auf ein Verb an der Tafel gezeigt werden und die passende Pantomime dann von den KT dargestellt werden. Betont werden muss hierbei, dass die KT sich selbstverständlich nicht alle Verben merken müssen. Das eine oder andere wird aber „hängen bleiben", so dass neben dem Spaß, den man dabei hat, auch noch ein Lernzweck erfüllt ist.
Mit den Wörtern des Kursteils lassen sich auch Ratespiele gestalten, etwa das Spiel „Was passt nicht?" Vier Begriffe werden vorgegeben, wobei einer davon nicht in die Wortgruppe passt, z. B.: *Ananas, Banane, Cola, Apfel* oder *Oma, Nina, Mama, Tante.* Die KT können (zu zweit) versuchen, selbst ein solches Rätsel zu entwickeln, und es an die Tafel schreiben. Anschließend wird diskutiert, warum welcher Begriff nicht in die Reihe passt.

Zum Thema „Spielen": Das spielerische Lernen sollte auch in einem Alphabetisierungskurs nicht zu kurz kommen. Kleinere Wettbewerbe wie „Welche Gruppe findet die meisten Buchstaben mit „m" oder mit der Anfangssilbe „Mo-"?" oder „Wer kann alle Namen der Teilnehmer fehlerlos an die Tafel schreiben?" oder „Wie bilden wir eine möglichst lange Wortkette?" (der Endbuchstabe eines Wortes wird zum Anfangsbuchstaben des darauf folgenden Wortes, z. B.: *Oma – Abend – Dose* usw.) lockern den Unterricht auf oder sind als Ausklang einer Unterrichtseinheit meistens willkommen. Sehr behutsam muss man dagegen mit spielerischen Elementen wie Klatschen, Summen, Tanzen oder Singen umgehen: Viele KT empfinden diese Aktivitäten als kindisch oder als Zeitverschwendung. Der/Die KL sollte ein Gespür dafür entwickeln, was zu einer Gruppe passt und was nicht, und diese Grenze auch respektieren.

Was die Grammatik in **Mo·sa·ik** betrifft, so können doch zumindest einige grundlegende Dinge erklärt werden. Beispielsweise tauchen in den Sätzen konjugierte Verben wie etwa *liest* auf. Der/Die KL kann – bei Bedarf – darauf hinweisen, dass es beispielsweise in der 1. Person Singular heißt: *Ich lese,* d. h. dass es unterschiedliche Formen des Wortes *lesen* gibt. Auch deklinierte Adjektive und Possessivpronomen kommen vor, beispielsweise in: *Sie ist seine neue Liebe.* Hier genügt ebenfalls der Hinweis, dass es unterschiedliche Formen der Wörter *sein* und *neu* gibt. Auch beim Erscheinen eines trennbaren Verbs genügt die Erklärung, dass es Verben gibt, die manchmal getrennt werden.

8 Die Handhabung des Übungsteils

Im Übungsteil sind grundsätzlich alle Seiten für die Lernenden nutzbar, jedoch nicht von Anfang an, sondern eher gegen Ende des Kurses.
Für den/die KL ist der Übungsteil als „Fundgrube" für – über den Kursteil hinausgehende – Anregungen im Unterricht gedacht. Er/Sie kann sich „Material" in Form von einzelnen Silben, Wörtern, Sätzen oder auch Bildern aus dem Übungsteil „herauspicken" und sie im Unterricht verwenden. Jede einzelne Seite des Übungsteils folgt annähernd der Progression im Kursteil, so dass man schnell erkennen kann, wie weit man eine Seite nutzen kann, ohne noch nicht erarbeitetes „Neuland" zu betreten.

Seite 65 bis 68

Die leere Lineatur zum freien Üben kann von den KT je nach ihren Bedürfnissen genutzt werden. Vielleicht möchten die KT zu Hause das eine oder andere noch einmal frei, d. h. ohne Kästchen, ohne Silbenaufteilung und evtl. aus dem Gedächtnis aufschreiben. Auch einzelne schwierige

Buchstaben, wie etwa das „ß“, können hier nochmals geübt werden. Im Unterricht können Wort- oder Satzdiktate auf diesen Seiten geschrieben werden. Evtl. regt der/die KL auch einmal das Experiment an, Wörter oder kleine Sätze, die den KT vertraut sind, versuchsweise zu schreiben. Hierbei ist jedoch darauf zu achten, dass sie sich nicht selbst überfordern. Wenn in den angestrebten Wörtern Buchstaben enthalten sind, die noch nicht behandelt wurden, sollte man unbedingt darauf hinweisen, dass dieses Wort noch nicht gekonnt werden muss, sondern erst später im Kursteil an der Reihe sein wird. Wörter oder Ausrufe, die gestisch leicht veranschaulicht oder aber international bekannt sind und als Eigendiktat geschrieben werden könnten, wären z. B.: *Nanu!, Na und?, So oder so?, Was ist los?, Ich liebe dich!, Hau ruck!, Pingpong, Picknick, Döner* usw.

Seite 69 bis 72

Auf diesen Seiten kann geübt werden, Laute zu verschmelzen. Dabei kann waagerecht oder senkrecht vorgegangen werden. Wenn senkrecht gelesen wird, werden die Konsonanten in Verbindung mit einem Vokal variiert. Beim waagerechten Lesen ist der Konsonant pro Zeile derselbe, aber der Vokal ändert sich.

Dieses Üben ist für KT gedacht, die bei der Lautsynthese Schwierigkeiten haben. Oftmals handelt es sich um Probleme mit ganz bestimmten Lauten. Diese sollten dann herausgegriffen und geübt werden. Der/Die KL kann evtl. markieren, welche Silben einem/einer KT noch Probleme bereiten, und der/die KT kann sich diese immer mal wieder vornehmen. Wichtig dabei ist allerdings die Kontrolle durch den/die KL oder – wenn zu Hause geübt wird – durch eine schriftsprachkundige Person.

In diesem Zusammenhang soll noch darauf hingewiesen werden, dass mit dem Erteilen von Hausaufgaben in Alphabetisierungskursen eher sparsam umgegangen werden sollte. Erstens sollten die KT möglichst nie in die entmutigende Situation kommen, etwas nicht zu können und dann allein, ohne kompetente Hilfe, dazustehen. Zweitens ist oft nicht sichergestellt, dass die KT zu Hause selbstständig arbeiten. Familienmitglieder, die helfen wollen, sich ihrer Sache selbst aber auch nicht sicher sind, verwirren oder überfordern die Lernenden oft mehr, als dass sie wirklich eine Hilfe sind.

Seite 73

Die XXL-Wörter werden den KT mit zunehmender Silbenzahl zum Lesen dargeboten. Sie können so erfahren, dass auch zunächst unüberwindlich lang erscheinende Wörter, in zunehmende „Häppchen" aufgeteilt, lesbar sind. Auf diese Weise wird auch geübt, sich selbst zuzuhören und zu erinnern bzw. noch im Ohr zu haben, was im vorhergegangenen Schritt gesagt wurde. Wenn dieses gelingt, muss nur noch die neu hinzugekommene Silbe erfasst und hinzugefügt werden. Schritt für Schritt wird so das Wort zusammengefügt. Verzichtet werden sollte darauf, das vollständige Wort nun wieder nach links „abwärts" zu lesen. Lese- oder Schreibbewegungen von rechts nach links sollten grundsätzlich vermieden werden, da viele KT (insbesondere aus dem arabischen Sprachraum) Mühe haben, sich an das Lesen und Schreiben von links nach rechts zu gewöhnen und so nur irritiert würden.

Seite 74 bis 76

Einem ähnlichen Übungsprinzip wie die Seite 73 folgen diese Seiten, auf denen Nomen zu Komposita verbunden werden. Anstelle von Silben werden nun größere Einheiten zusammengefügt und außerdem werden die KT hier mit den drei verschiedenen Artikeln im Deutschen konfrontiert. Auf die Tatsache, dass für jedes Nomen – später einmal – der Artikel gelernt werden muss, der jetzt noch gelernt werden „darf", kann an dieser Stelle hingewiesen werden.

Seite 77

Eine Vor- oder Nachsilbe deutscher Wörter kann immer dann in den Unterricht eingebracht werden, wenn ein Wort, in dem sie enthalten ist, für die KT bereits lesbar ist. So können beispielsweise, nachdem die Buchstabenkombination „ng" erarbeitet wurde, die Nachsilbe „-ung" und Wörter wie *Reinigung, Beleidigung* oder *Umleitung* an die Tafel geschrieben, gelesen und erörtert werden. Auch über den Bedeutungsgehalt mancher Silben kann evtl. gesprochen werden. So hat beispielsweise die Nachsilbe „-los" die Bedeutung von *ohne. Arbeitslos* (= ohne Arbeit) ist ein Begriff, der dem einen oder anderen vielleicht schon vertraut ist.

Seite 78 bis 81
Auf diesen Seiten finden sich verschiedene Wortakzentmuster. Im Verlauf des Kurses sollte der Sachverhalt, dass jedes Wort in der Regel nur eine betonte lange oder kurze Silbe hat, für die KT eine Selbstverständlichkeit werden. Am einfachsten ist diese Regel umzusetzen, wenn ein Wort nur aus einer Silbe besteht. Dann ist nur zu beachten, ob die Silbe lang oder kurz ausgesprochen wird. Doch schon allein diese Unterscheidung zwischen kurz und lang in einem einsilbigen Wort kann schwierig sein, so etwa die Unterscheidung zwischen *den* und *denn*. Verschiedene Wortakzentmuster ein-, zwei-, drei- oder viersilbiger Wörter sind daher zu Übungszwecken hier aufgelistet. Zunächst sollte zur Einübung eines Akzentmusters am besten nur senkrecht in einer Spalte gelesen werden. Zu einem späteren Zeitpunkt ist es dann interessant, die unterschiedlichen Betonungen einander gegenüberzustellen, also z. B. *Mantel* und *damit* bei den zweisilbigen Wörtern, *Ananas, Sekunde* und *Element* bei den dreisilbigen Wörtern. Auch die viersilbigen Wörter dürften danach zu bewältigen sein, zumal viele lauttreue Wörter für diese Übung zusammengestellt wurden.

Seite 82 bis 83
Da in Alphabetisierungskursen noch keine Texte analysiert werden können, sind auf diesen Seiten kurze Sätze aufgelistet, die sich entweder als Diktatsätze oder auch als Leseübung eignen.
Die „Botschaft" dieser Sätze ist eher bescheiden, doch – wie in der Einführung bereits bemerkt – liegt es in der Natur der Sache, dass man klein und möglichst lauttreu anfangen muss und nicht den zweiten vor dem ersten Schritt tun kann. Man sollte auch nicht unterschätzen, dass das Lesen und Verstehen dieser einfachen Sätze für die KT doch ein großes Erfolgserlebnis sein kann. Selbstverständlich lassen sich die Sätze für ein Diktat variieren und der Realität der Lernenden etwas anpassen, indem man beispielsweise Namen der KT einsetzt oder durch andere kleine Änderungen auf die Gruppe und ihre Interessen Bezug nimmt.

Eine weitere Möglichkeit, mit den Sätzen zu arbeiten, ist folgende: Zehn oder mehr Sätze werden am Kopierer vergrößert und in Streifen geschnit-

ten (ein Streifen pro Satz). Jeweils zwei KT erhalten ein solches Streifenbündel und legen die Sätze auf dem Tisch aus. Der/Die KL liest einen Satz vor, die KT müssen den vorgelesenen Satz „heraushören" und nach oben legen. Danach folgt der nächste Satz usw. Anschließend vergleichen die Gruppen ihr Ergebnis mit dem der Nachbargruppen. Wenn Fehler gemacht wurden, ist es wichtig zu klären, woran es lag, dass Sätze miteinander verwechselt oder nicht erkannt wurden.
Da die Sätze auch ganz einfach nur gelesen werden können, kann an dieser Stelle darauf hingewiesen werden, dass es vielerlei Möglichkeiten gibt, einen Satz zu lesen: einzeln oder in der Gruppe, laut oder leise, betont langsam und danach möglichst schnell, mit oder ohne begleitenden Zeigefinger, gebeugt hinter dem Tisch sitzend oder aufrecht stehend, mit verschiedenen Satzakzenten, z. B.: *Das ist meine Tasche!* oder *Das ist meine Tasche!* Was in der Gruppe möglich ist, liegt im Ermessen des/der KL – oft ist es mehr, als man zunächst denkt.

Seite 84 bis 85

In den Dialogen kann in Rollen geschlüpft werden und Sprache in Alltagssituationen ausprobiert werden. Die Dialogform ist die am einfachsten verständliche Textform. Sie enthält die direkte Rede, die den KT am ehesten vertraut ist. Die Dialoge müssen keinesfalls auswendig gelernt werden, aber sie sollten – auch wenn sie abgelesen werden – wenigstens andeutungsweise gespielt werden, damit die KT die Erfahrung machen, dass Gedrucktes gesprochene Sprache abbilden kann, dass auch ein Lesevorgang sich mit Gestik und Mimik verbinden lässt und sich nicht nur zwischen den Augen und dem Papier abspielen muss.

Seite 86

Ebenso wie im Kursteil kommen Wörter mit Konsonantenverbindungen innerhalb einer Silbe im Übungsteil nicht vor. Die schwierig zu lesenden Verbindungen sind sozusagen auf diese Seite „ausgelagert" und sollten als Ganzes erst in Angriff genommen werden, wenn die Gruppe am Ende des Kursteils angekommen ist. Einzelne Konsonantenverbindungen können dagegen ab und zu in den Unterricht eingebracht werden. Wenn keine grundsätzliche Überforderung damit verbunden ist, kann es ja auch

Spaß machen, sich an schwierigen, konsonantenreichen Wörtern wie *Marktplatz, Kniestrümpfe* oder *Milchprodukt* zu versuchen.

Seite 87 bis 89

Diese Seiten, auf denen die Lernenden eine Abbildung sehen und dann im Eigendiktat schreiben, aktivieren den im Kursteil erworbenen Wortschatz. Das Wort, das beim Betrachten eines Bildes assoziiert wird, soll nun aus dem Gedächtnis niedergeschrieben werden, ohne dass der/die KL es diktiert. Nur noch eine Linie ist vorgegeben, so dass es bei dieser Übung auch darauf ankommt, ohne strukturierende Hilfsmittel wie Kästchen, Lineatur, Pfeile usw. in angemessener Größe und in angemessenen Größenverhältnissen zu schreiben. Spätestens hier muss der Hinweis gegeben werden, dass es sich bei den Abbildungen um Nomen handelt und dass diese immer groß geschrieben werden. D. h. sie fangen mit einem Großbuchstaben an, werden dann aber mit kleinen Buchstaben weitergeschrieben. Die Ausdrucksweise „Das schreibt man groß." wird oft in der Weise missverstanden, dass alle Buchstaben groß geschrieben werden. Je nach Kenntnisstand der KT können vor dem Beginn dieser Übung erst noch einmal die Bezeichnungen für alle acht Abbildungen genannt werden, im Zweifelsfall auch die Begriffe nochmals an die Tafel geschrieben und dann wieder abgewischt werden. Die KT sollten aber keine Gelegenheit bekommen, sich die Begriffe zu notieren. Sie sollten in dieser Übung die Wörter aus ihrem Gedächtnis abrufen und versuchen, sie in Schrift umzusetzen. „Spaßeshalber" können anschließend die Artikel abgedeckt werden, um festzustellen, ob der eine oder andere Artikel sich vielleicht doch eingeprägt hat – oder auch nicht.

Diese Form der Übung ist jedenfalls eine grundlegende und es sollte den KT nahe gebracht werden, dies auch in ihrem Alltag ab und zu zu versuchen: sich ein deutsches Wort, das sie gerade gesehen bzw. gehört und verstanden haben, aufzuschreiben, um diese Notizen dann in den Kurs mitzubringen und sie dort in der Gruppe „überprüfen" zu lassen.

Seite 90

Die Namen der Buchstaben sollten, wie anfangs vermerkt, während des ganzen Kurses "tabu" gewesen sein. Erst am Ende des Kurses sollte evtl. das Buchstabieren und das Lesen von Abkürzungen in Angriff genommen werden. Das Buchstabieren des eigenen Namens oder der Adresse ist immer ein guter und sinnvoller Einstieg ins Alphabet.
Bei den Abkürzungen kann man meist davon ausgehen, dass jede/r KT wenigstens eine davon kennt, da sie entweder international sind oder im täglichen Leben in Deutschland doch eine große Rolle spielen. Zu nennen wären hier etwa *TV, WC* oder *CD.* Hier ist es gut vorstellbar, dass die KT in Gruppen arbeiten und Erklärungen für diejenigen Abkürzungen zu finden versuchen, die ihnen bekannt sind. Im Plenum können die Ergebnisse vorgestellt werden. Auch Abkürzungen haben einen Akzent, der beachtet werden muss: Er liegt in der Regel auf dem letzten Buchstaben.

Seite 91 bis 96

Die Auflistung der großen und kleinen Buchstaben kann kopiert werden. Die bereits im Unterricht behandelten Buchstaben können ausgeschnitten und zum Legen von Wörtern oder kurzen Sätzen benutzt werden. Die häufiger vorkommenden Buchstaben sind mehrmals abgedruckt, so dass ein Satz dieser sechs Seiten pro Person oder pro Kleingruppe ausreicht, um mit den verfügbaren Buchstaben einige Wörter oder einen kleinen Satz legen zu können. Hier lässt sich auch ein Wettbewerb zwischen Kleingruppen provozieren: „Wer schreibt das längste (richtige!) Wort?" oder „Wer schreibt den längsten (richtigen!) Satz?"
Es kann auch ein Wort gelegt werden, z. B. *rauchen,* aus dessen Buchstaben dann möglichst viele andere Wörter gebildet und aufgeschrieben werden müssen, wie in diesem Fall: *neu, auch, an* usw.
Für Lernende, die mit der Feinmotorik beim Schreiben Probleme haben, ist diese Art zu „schreiben" oft die weitaus angenehmere und sie kann bei aufkommender „Schreibmüdigkeit" im Laufe des Unterrichts durchaus einmal als Ersatz für das Schreiben dienen. Anfangs kann es hilfreich sein, ein Wort – in Analogie zum Kursteil – zunächst in Silben zu legen und zu sprechen, es dann erst zusammenzufügen und als Ganzes zu lesen.

Die Wort-Bild-Karten am Ende des Buches stellen das spielerischste Element in **Mo·sa·ik** dar. In erster Linie dienen sie der Zuordnung eines Wortes zu einem Bild oder umgekehrt. Die Seiten mit den Karten können im Verlauf des Kurses nach und nach herausgetrennt und die einzelnen Karten ausgeschnitten werden. Auch die Bild- und Wortkarten folgen annähernd der Progression des Kursteils.

Die einfachste Vorgehensweise ist es, die Bilder auf dem Tisch in einer senkrechten Reihe anzuordnen und die entsprechenden Wörter suchen und daneben legen zu lassen. Danach kann entweder die Bildreihe oder die Wörterreihe abgedeckt werden, um entweder die Bilder zu benennen oder die Wörter zu lesen. Für KT, denen die Wörter bereits sehr vertraut sind, ist es oft einfacher, die Bilder nur zu benennen, als die dazugehörigen Wörter zu lesen. Für sie müssen die Bildkarten beim Lesen der Wortkarten abgedeckt werden. Für Lernende, die erst dabei sind, ihren Wortschatz aufzubauen, wird es hilfreich sein, wenn der/die KL oder ein/e fortgeschrittene/r KT ihnen nach dem Lesen der Wörter die passende Bildkarte neben die Wortkarte legt. Die KT übernehmen diese Zuordnung im Laufe des Kurses selbst, was natürlich umso schwerer wird, je mehr Karten im Spiel sind.

Bei schnellen Lernern und Lernerinnen kann es dann ein letzter Schritt sein, in einer Partnerübung die Bildkarten verdeckt auf einem Stapel vor sich liegen zu haben, abwechselnd eine Karte zu ziehen und den Begriff aufzuschreiben. Der Partner kontrolliert, ob das richtige Wort richtig aufgeschrieben wurde. Es bietet sich außerdem an, mit diesen Karten Memory zu spielen. Wort- und entsprechende Bildkarte gelten als ein Paar. Mehr als insgesamt 24 Karten, also 12 Paare, sollten jedoch nicht im Spiel sein.

Die Wort-Bild-Karten sind gut einsetzbar zur Wiederholung des Gelernten oder als „Warm-up“ zu Beginn einer Unterrichtsstunde. Die Karten oder Kopien der Karten können nach und nach auf ein großes Poster geklebt werden, das dann an der Wand die Fortschritte der Gruppe dokumentiert.

Zwei praktische Hinweise: Die KT sollten alle einen (großen) Briefumschlag für ihre ausgeschnittenen Karten und Buchstaben haben (oder bekommen), damit die Karten nicht verloren gehen. Einige Scheren zum Ausschneiden der Karten sollte der/die KL immer bereithalten.

9 Die Einstufung der Lernenden

Ein letzter Hinweis gilt der Einschätzung und Einstufung potenzieller KT bei der Anmeldung zu einem Kurs. Zwingend notwendig für eine Beurteilung, ob der/die Kursinteressent/in als Analphabet/in zu gelten hat, ist ein kurzer Einstufungstest in vier bzw. fünf Schritten.

1. Zuerst sollten dem/der Betreffenden ein paar einzelne Buchstaben (in Druckschrift auf einem linierten Blatt) aufgeschrieben und die entsprechenden Laute dazu genannt werden. Er/Sie sollte dann weitere Buchstaben aufschreiben und ihre Laute angeben können.
2. Der/Die Betreffende sollte seinen/ihren Namen und seine/ihre Adresse aufschreiben können.
3. Kurze lauttreue Wörter (in Druckschrift) sollten gelesen werden können, z. B.: *du, da, in, an, am, so, zu, ja, je, mit, was, gut, Hut, Mut, tut, Sofa, Hose, Radio, Tomate.*
4. Kurze nicht lauttreue Wörter und kurze Sätze sollten möglichst ebenfalls gelesen werden können, z. B.: *nein, neun, Beine, Biene, Haus, Häuser, Dach, Tasche, Ring, sitzen, Mutter, Vater, Kind – Er hat kein Geld – Wir machen Pause.*
   Muttersprachliche Einfärbungen beim Lesen dieser Wörter sind selbstverständlich kein Problem. Deutlich werden muss beim Lesen bzw. Schreiben, dass die Lautabfolge zufrieden stellend wiedergegeben werden kann.

Soweit ist der Test für Sprachanfänger durchzuführen. Für bereits Sprachkundige kommt noch ein weiterer Testteil hinzu:

5. Die Wörter aus 3. und 4. müssen von ihnen auch (nach Diktat) geschrieben werden können.

Wenn alle vier bzw. fünf Schritte problemlos absolviert werden konnten, ist kein Alphabetisierungskurs notwendig; ein regulärer Sprachkurs kann begonnen werden. Wenn der Test nur mit Mühe „bestanden" wurde, ist ein Alphabetisierungskurs als Vorbereitung auf einen Sprachkurs angeraten. In Zweifelsfällen sollte man als Berater auch einschätzen können, ob die getestete Person eher selbstbewusst und „risikofreudig" an das Projekt

„Deutsch“ herangeht oder ob sie ängstlich und vorsichtig ist und vielleicht lieber den sicheren Weg über den Alphabetisierungskurs gehen möchte. Oftmals können auch die Begleitpersonen recht gut Auskunft über die Kenntnisse und die Motivation der Kursinteressenten und Kursinteressentinnen geben. Für die zukünftigen KT eines Alphabetisierungskurses kann es hilfreich und entlastend sein, schon einmal einen Blick in **Mo·sa·ik** werfen zu können, um eine Vorstellung von dem entwickeln zu können, was sie im Kurs erwartet.
Ein verbreiteter Irrtum ist, dass ein Alphabetisierungskurs ein Deutsch-Sprachkurs für Sprachanfänger ist. Die Institution, die den Kurs anbietet, oder der/die KL muss deutlich machen, dass ein Alphabetisierungskurs einen Schritt vorher ansetzt, also erst die schriftsprachlichen Grundlagen für die Teilnahme an einem Sprachkurs schafft. Ein Kurs mit **Mo·sa·ik** befähigt die Lernenden dazu, an einem regulären Anfänger-Sprachkurs teilzunehmen.

10 Die Buchstaben und Buchstabenverbindungen in Mo·sa·ik und ihre Lautzeichen – eine Übersicht

Buchstaben	Laute	Beispiele
M · m	[m]	Mama
O · o	[oː] [ɔ]	Oma Post
N · n	[n]	Nina
A · a	[aː] [a]	Nase man
L · l	[l]	Lama
I · i	[iː] [ɪ]	Ina in
S · s	[z] [s]	so los

Buchstaben	Laute	Beispiele
E · e	[eː]	Lena
	[ɛ]	es
	[ə]	Name
Ei · ei	[aɪ]	Eis
ie	[iː]	sie
T · t	[t]	Tante
	[ts]	Nation
B · b	[b]	bis
...b	[p]	ab
U · u	[uː]	tun
	[ʊ]	Bus
Eu · eu	[ɔy]	neun
Au · au	[aʊ]	aus
K · k	[k]	Kino
D · d	[d]	du
...d	[t]	Bad
C · c	[k]	Comic
	[s]	Cent
	[ts]	Celsius
	[tʃ]	Cembalo
ck	[k]	Ecke
nk	[ŋk]	Bank
H · h	[h]	Hose
h	[ː]	Sohn
Ch · ch	[ç]	ich
	[x]	Buch
	[k]	Chaos
	[tʃ]	Chile
Sch · sch	[ʃ]	Schule

Buchstaben	Laute	Beispiele
R · r	[r]	Rad
...r	[ɐ]	der
W · w	[v]	wo
F · f	[f]	Fisch
G · g	[g] [ʒ]	gut Garage
...g	[k]	Tag
...ig	[ɪç]	wenig
ng	[ŋg]	lang
P · p	[p]	Papa
Sp... · sp...	[ʃp]	spielen
St... · st...	[ʃt]	Stuhl
Pf · pf	[pf]	Kopf
Ph · ph	[f]	Alphabet
Z · z	[ts]	zehn
tz	[ts]	Katze
J · j	[j] [dʒ] [ʒ]	ja Job jonglieren
V · v	[f] [v]	Vater Vase
ß	[s]	Fuß
Qu · qu	[kv]	bequem
X · x	[ks]	Taxi
chs	[ks]	sechs
Y · y	[yː] [y] [j] [ɪ]	Typ Gymnasium Yoga Party

Buchstaben	Laute	Beispiele
Ä · ä	[ɛː]	Säge
	[ɛ]	Äpfel
Äu · äu	[ɔy]	Bäume
Ö · ö	[øː]	Öl
	[œ]	möchten
Ü · ü	[yː]	müde
	[y]	Küche
bb	[b]	Hobby
dd	[d]	Widder
ff	[f]	Löffel
gg	[g]	Bagger
ll	[l]	alle
mm	[m]	kommen
nn	[n]	Sonne
pp	[p]	Suppe
rr	[r]	Herr
ss	[s]	Kasse
tt	[t]	bitte
Aa · aa	[aː]	Haar
ee	[eː]	Tee
oo	[oː]	Zoo